בית ספר - shule 2
נסיעה - usafiri 5
תחבורה - usafiri 8
עיר - jiji 10
נוף - mazingira 14
מסעדה - mgahawa 17
סופרמרקט - dukakuu 20
שתיות - vinywaji 22
אוכל - chakula 23
חווה - shamba 27
בית - nyumba 31
סלון - sebuleni 33
מטבח - jikoni 35
חדר אמבטיה - bafu 38
חדר ילדים - chumba ya mtoto 42
בגדים - nguo 44
משרד - ofisi 49
כלכלה - uchumi 51
מקצועות - kazi 53
כלי עבודה - zana 56
כלי נגינה - ala za muziki 57
גן חיות - bustani ya wanyama 59
ספורט - michezo 62
פעילויות - shughuli 63
משפחה - familia 67
גוף - mwili 68
בית חולים - hospitali 72
חירום - dharura 76
כדור הארץ - dunia 77
שעון - saa 79
שבוע - wiki 80
שנה - mwaka 81
צורות - maumbo 83
צבעים - rangi 84
הפכים - kinyume 85
מספרים - nambari 88
שפות - lugha 90
מי / מה / איך - ambao / nini / jinsi 91
איפה - wapi 92

Impressum
Verlag: BABADADA GmbH, Nedderfeld 112 , 22529 Hamburg
Geschäftsführer / Verlagsleitung: Harald Hof
Druck: Books on Demand GmbH, In de Tarpen 42, 22848 Norderstedt

Imprint
Publisher: BABADADA GmbH, Nedderfeld 112 , 22529 Hamburg, Germany
Managing Director / Publishing direction: Harald Hof
Print: Books on Demand GmbH, In de Tarpen 42, 22848 Norderstedt

בית ספר

shule

כיתה
sajili
חילק
kugawanya
186/2
לוח
ubao
מורה
mwalimu
נייר
karatasi
כתב
kuandika
עט
kalamu
שולחן עבודה
dawati
סרגל
rula
ספר
kitabu
תלמיד
mwanafunzi

ילקוט
mkoba

קלמר
kikasha cha penseli

עיפרון
penseli

מחדד
kichonga penseli

גומי מחיקה
mpira

חוברת סרטוט
pedi ya kuchora

סרטוט

uchoraji

מברשת

brashi ya rangi

קופסת צבעים

sanduku la rangi

מספריים

mkasi

דבק

gundi

ספר תרגול

daftari

שיעור בית

kazi ya nyumbani

12

מספר

nambari

2+2

חיבר

jumlisha

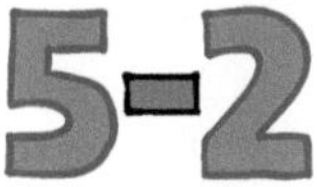

5-2

חיסר

ondoa

2×2

הכפיל

zidisha

חישב

kokotoa

A

אות

barua

ABCDEFG HIJKLMN OPQRSTU VWXYZ

אלפבית

alfabeti

hello

מילה

neno

טקסט

maandishi

קרא

kusoma

גיר

chaki

שיעור

somo

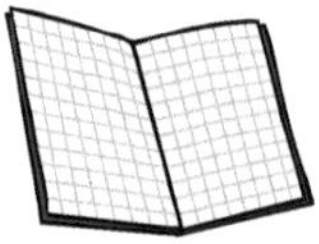

יומן נוכחות

sajili

מבחן

uchunguzi

תעודה

cheti

תלבושת בית ספר

sare za shule

חינוך

elimu

אנציקלופדיה

elezo

אוניברסיטה

chuo kikuu

מיקרוסקופ

darubini

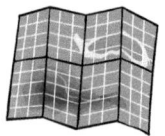

מפה

ramani

סל נייר

kikapu cha kuweka karatasi chafu

מלון
hoteli
הוסטל
hosteli
המרת מטבע
ofisi ya ubadilishanaji
מזוודה
sanduku
אוטו
gari

שפה

lugha

כן / לא

ndiyo / la

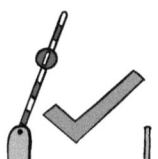

בסדר

sawa

שלום

hujambo

מתרגם

mtafsiri

תודה

Asante

כמה עולה.....?

kiasi gani ni ...?

אני לא מבין

Sielewi

בעיה

tatizo

ערב טוב!

Jioni njema!

בוקר טוב!

Habari za asubuhi!

לילה טוב!

Usiku mwema!

להתראות

kwa heri

כיוון

mwelekeo

כבודה

mizigo

תיק

mfuko

תרמיל גב

shanta

אורח

mgeni

חדר

chumba

שק שינה

begi la kulalia

אוהל

hema

מרכז מידע לתיירים

taarifa ya utalii

חוף ים

ufuo

כרטיס אשראי

kadi

ארוחת בוקר

kifunguakinywa

ארוחת צהריים

chakula cha mchana

ארוחת ערב

chakula cha jioni

כרטיס

tiketi

מעלית

kuinua

בול

muhuri

גבול

mpaka

מכס

mila

שגרירות

ubalozi

אשרה

visa

דרכון

pasipoti

תחבורה

usafiri

מטוס
ndege
אונייה
meli
כבאית
injini ya moto
אוטובוס
basi
משאית
lori
סירת מנוע
motaboti
אופניים
baiskeli
אוטו
gari

מעבורת
feri

סירה
mashua

אופנוע
pikipiki

ניידת משטרה
gari la polisi

מכונית מרוץ
gari la mashindano

רכב שכור
gari la kukodisha

מכוניות בשיתוף

kushiriki gari

אוטו גרר

lori la kuvuta

משאית זבל

ukusanyaji taka

מנוע

motor

דלק

mafuta

תחנת דלק

kituo cha mafuta

תמרור

ishara trafiki

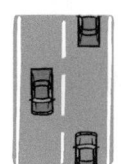

תנועה

trafiki

פקק תנועה

msongamano

חניה

maegesho

תחנת רכבת

kituo cha treni

פסי רכבת

reli

רכבת

garimoshi

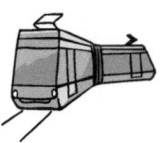

רכבת קלה

tremu

קרון

gari la mizigo

מסוק

helikopta

שדה-תעופה

uwanja wa ndege

מגדל

mnara

נוסע

abiria

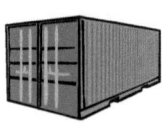

קונטיינר

chombo

קרטון

katoni

עגלה

mkokoteni

סל

kikapu

המראה / נחיתה

ondoka

עיר

jiji

כפר

kijiji

מרכז העיר

katikati ya jiji

בית

nyumba

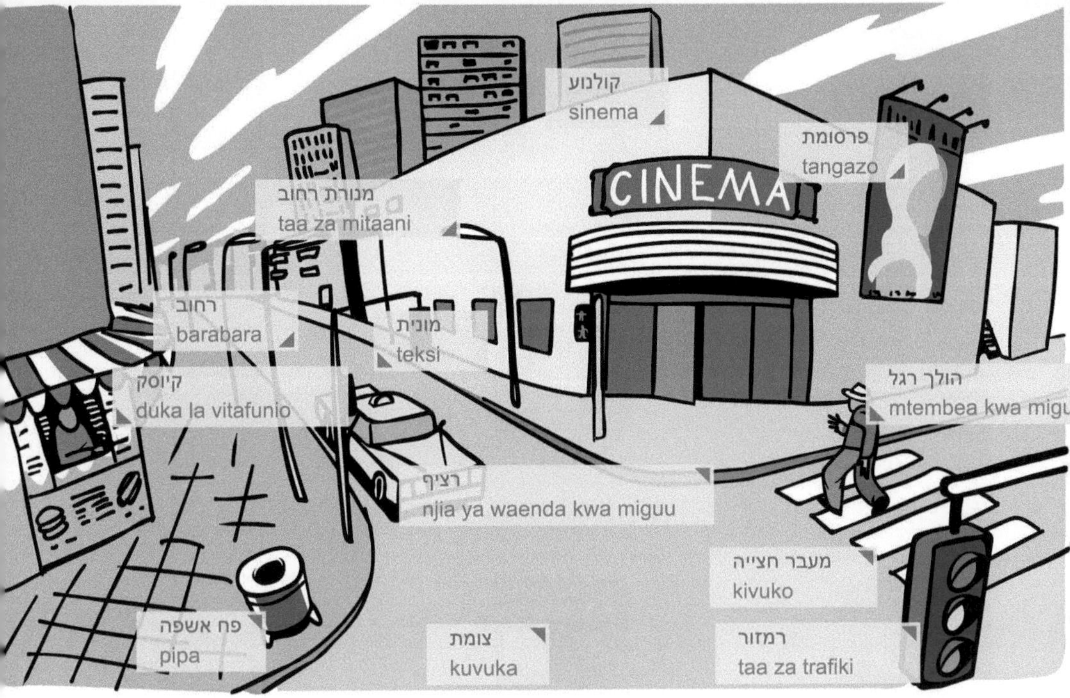

קולנוע
sinema
CINEMA
פרסומת
tangazo
מנורת רחוב
taa za mitaani
רחוב
barabara
מונית
teksi
קיוסק
duka la vitafunio
הולך רגל
mtembea kwa migu
רציף
njia ya waenda kwa miguu
מעבר חצייה
kivuko
פח אשפה
pipa
צומת
kuvuka
רמזור
taa za trafiki

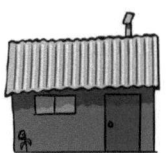

בקתה

kibanda

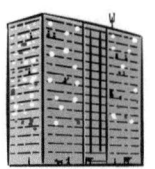

דירה

gorofa

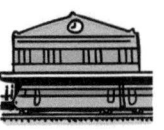

תחנת רכבת

kituo cha treni

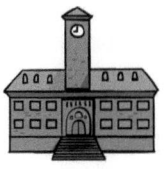

עירייה

ukumbi wa mji

MUSEUM

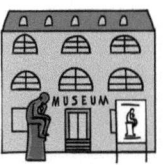

מוזיאון

Makavazi

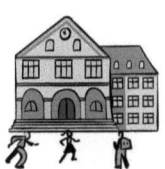

בית ספר

shule

אוניברסיטה	בנק	בית חולים
chuo kikuu	benki	hospitali
	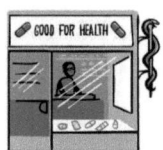	
מלון	בית מרקחת	משרד
hoteli	duka la dawa	ofisi

חנות ספרים	חנות	חנות פרחים
duka la kitabu	duka	duka la maua

סופרמרקט	שוק	כל-בו
dukakuu	soko	idara ya kuhifadhi

מוכר דגים	קניון	נמל
mwuza samaki	kituo cha ununuzi	bandari

פארק

Hifadhi

ספסל

benki

גשר

daraja

מדרגות

vidato

רכבת תחתית

chini ya ardhi

מנהרה

handaki

תחנת אוטובוס

kituo cha mabasi

בר

bar

מסעדה

mgahawa

תא דואר

sanduku la posta

שלט רחוב

ishara ya barabara

מדחן

mita ya maegesho

גן חיות

bustani ya wanyama

בריכת שחיה

kidimbwi cha kuogelea

מסגד

msikiti

חווה
shamba

זיהום
uchafuzi

בית עלמין
makaburini

כנסייה
kanisa

מגרש משחקים
uwanja wa michezo

בית מקדש
hekalu

נוף
mazingira

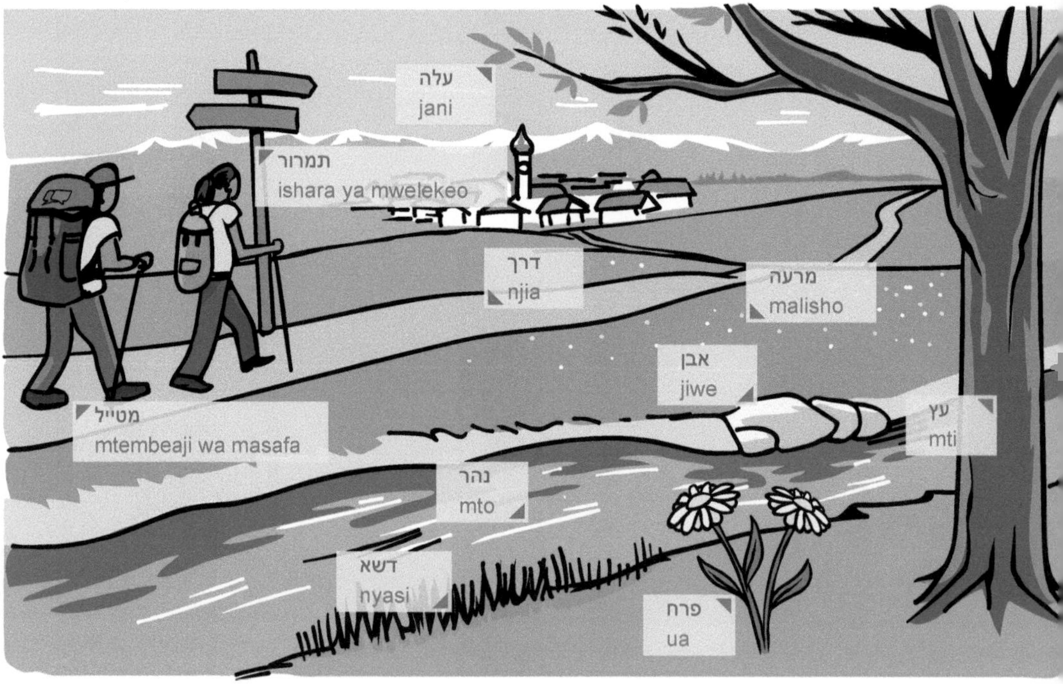

עלה
jani

תמרור
ishara ya mwelekeo

דרך
njia

מרעה
malisho

אבן
jiwe

עץ
mti

מטייל
mtembeaji wa masafa

נהר
mto

דשא
nyasi

פרח
ua

בקעה
bonde

הר
kilima

אגם
ziwa

יער
msitu

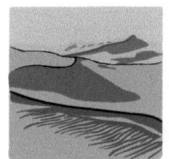

מדבר
jangwa

הר געש
volkano

טירה
ngome

קשת בענן
upinde wa mvua

פטריה
uyoga

דקל
mtende

יתוש
mbu

זבוב
kuruka

נמלה
chungu

דבורה
nyuki

עכביש
buibui

חיפושית

mende

צפרדע

chura

סנאי

kuchakuro

קיפוד

nungunungu

ארנב

sungura

ינשוף

bundi

ציפור

ndege

ברבור

swan

חזיר בר

nguruwe mwitu

צבי

kulungu

אייל הקורא

aina ya kongoni

סכר

bwawa

טורבינת רוח

tabo ya upepo

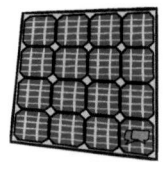

פנל סולארי

nishaji ya jua

אקלים

hali ya hewa

מסעדה
mgahawa

מלצר
mhudumu
תפריט
menyu
כסא
kiti
מרק
supu
פיצה
piza
סכו"ם
vilia
מפת שולחן
kitambaa cha mezani

מנת פתיחה

kiamsha hamu

מנה עיקרית

kozi kuu

קינוח

kitindamlo

שתיות

vinywaji

אוכל

chakula

בקבוק

chupa

מזון מהיר

chakula cha haraka

אוכל רחוב

Streetfood

קנקן תה

buli

מסכרת

kisanduku cha sukari

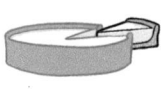

מנה

sehemu

מכונת אספרסו

mashine ya espresso

כסא תינוק

kiti kirefu

חשבון

muswada

מגש

trei

סכין

kisu

מזלג

uma

כף

kijiko

כפית

kijiko cha chai

מפית

nepi

כוס

glasi

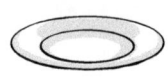

צלחת

sahani

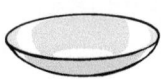

קערת מרק

sahani ya supu

תחתית

sufuria

רוטב

mchuzi

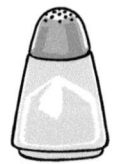

מלחייה

kichanyaji chumvi

מטחנת פלפל

kinu cha pilipili

חומץ

siki

שמן

mafuta

תבלינים

viungo

קטשופ

kechapu

חרדל

haradali

מיונז

kachumbari nzito

סופרמרקט

dukakuu

מבצע
ofa maalum
FOR
לקוח
mteja
מוצרי חלב
maziwa
פירות
matunda
עגלת קניות
toroli

אטליז

mchinjaji

מאפייה

mwokaji

שקל

uzito

ירקות

mboga

בשר

nyama

מזון קפוא

chakula waliohifadhiwa

בשר קר
vipande vya nyama baridi

שימורים
chakula cha kopo

אבקת כביסה
sabuni ya unga

ממתקים
pipi

מוצרי בית
bidhaa za kaya

חומר ניקוי
bidhaa za kusafisha

מוכרת
mtu mauzo

קופה
mpaka

קופאי
keshia

רשימת קניות
orodha ya manunuzi

שעות פתיחה
masaa ya ufunguzi

ארנק
mkoba

כרטיס אשראי
kadi

תיק
mfuko

שקית ניילון
mfuko wa plastiki

שתיות

vinywaji

מים

maji

מיץ

sharubati

חלב

maziwa

קולה

coke

יין

mvinyo

בירה

bia

אלכוהול

pombe

קקאו

kakao

תה

chai

קפה

kahawa

אספרסו

spreso

קפוצ'ינו

kapuchino

בננה
ndizi

תפוח
tufaha

תפוז
machungwa

אבטיח
tikiti

לימון
lemon

גזר
karoti

שום
kitunguu saumu

במבוק
mianzi

בצל
kitunguu

פטריות
uyoga

אגוזים
karanga

אטריות
nudo

ספגטי

spageti

אורז

mpunga

סלט

saladi

צ'יפס

vibanzi

צ'יפס

viazi vya kukaanga

פיצה

piza

המבורגר

hambaga

כריך

sandwichi

שניצל

kipande

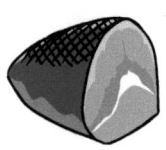

שינקין

paja la mnyama

סלאמי

salami

נקניקיה

soseji

עוף

kuku

טיגון

choma

דג

samaki

שיבולת שועל

oats ya uji

מוזלי

muesli

קורנפלקס

cornflakes

קמח

unga

קרואסון

kroisanti

לחמנייה

andazi

לחם

mkate

טוסט

mkate wa kubanika

עוגיות

biskuti

חמאה

siagi

גבינה לבנה

maziwa mgando

עוגה

keki

ביצה

yai

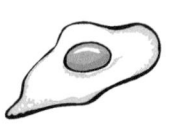

ביצת עין

yai kukaanga

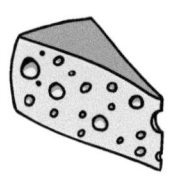

גבינה

jibini

גלידה

aiskrimu

סוכר

sukari

דבש

asali

ריבה

jemu

ממרח נוגט

kuenea kwa chokoleti

קארי

mchuzi wa viungo

חווה

shamba

בית חווה
nyumba ya kilimo
אסם
ghalani
חבילת שחת
majani bale
שדה
uwanja
סוס
farasi
עגלת נגרר
trela
טרקטור
trekta
סייח
mtoto
חמור
punda
כבש
kondoo
טלה
mwanakondoo

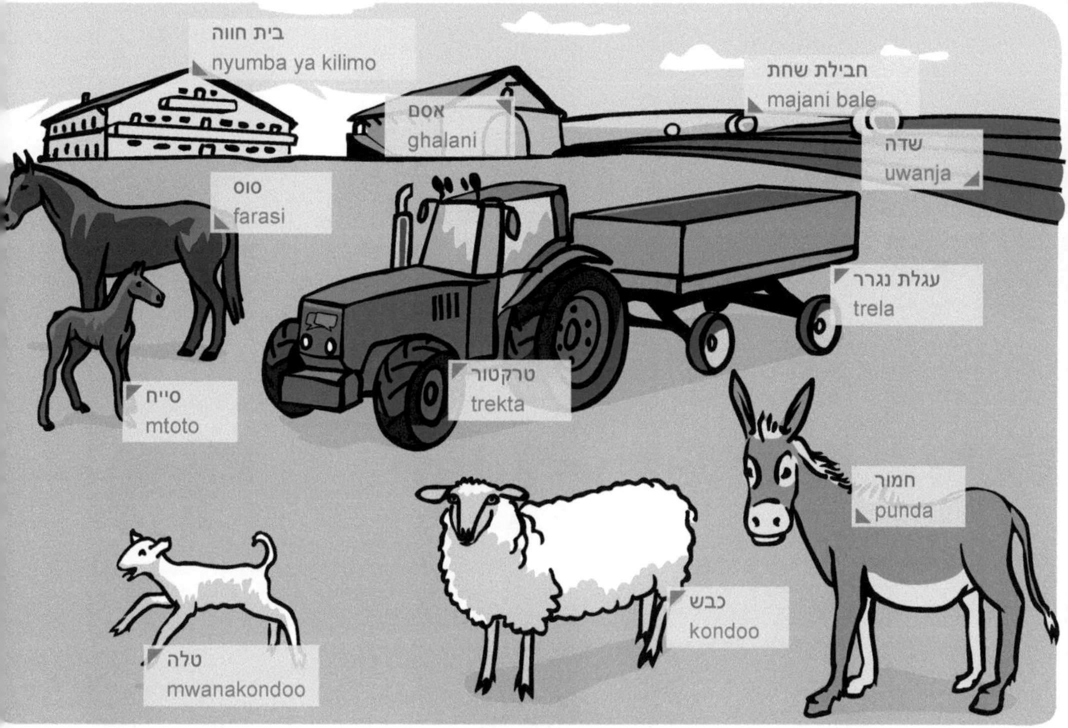

עז
....
mbuzi

פרה
....
ng'ombe

עגל
....
ndama

חזיר
....
nguruwe

חזרזיר
....
mwananguruwe

שור
....
fahali

אווז

batabukini

ברווז

bata

אפרוח

kifaranga

תרנגולת

kuku

תרנגול

jogoo

חולדה

panya

חתול

paka

עכבר

panya

שור

ng'ombe

כלב

mbwa

מלונה

nyumba ya mbwa

צינור השקיה

bomba la bustani

קנקן מים

debe la kumwagilia maji

חרמש

fyekeo

מחרשה

kulima

מגל
mundu

מגרפה
jembe

קלשון
uma wa nyasi

גרזן
shoka

מריצה
toroli

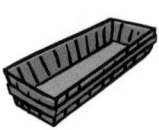

שוקת
kupitia nyimbo

כד חלב
chombo cha maziwa

שק
gunia

גדר
ua

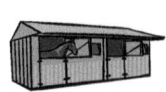

אורווה
imara

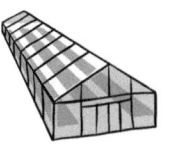

חממה
chafu

אדמה
udongo

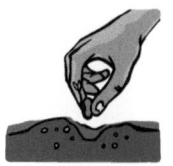

זרע
mbegu

דשן
mbolea

מקצרה
kivunaji

קצר

mavuno

קציר

mavuno

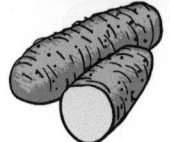

בטטה אפריקנית

viazi vikuu

חיטה

ngano

סויה

soya

תפוח אדמה

viazi

תירס

mahindi

קנולה

rapa

עץ פירות

mti wa matunda

קסבה

muhogo

דגנים

nafaka

בית

nyumba

ארובה
chimni
גג
paa
מרזב
bomba la maji ya mvua
חלון
dirisha
מוסך
gareji
פעמון
kengele ya mlangoni
דלת
mlango
פח אשפה
pipa la taka
תיבת מכתבים
sanduku la barua
גינה
bustani

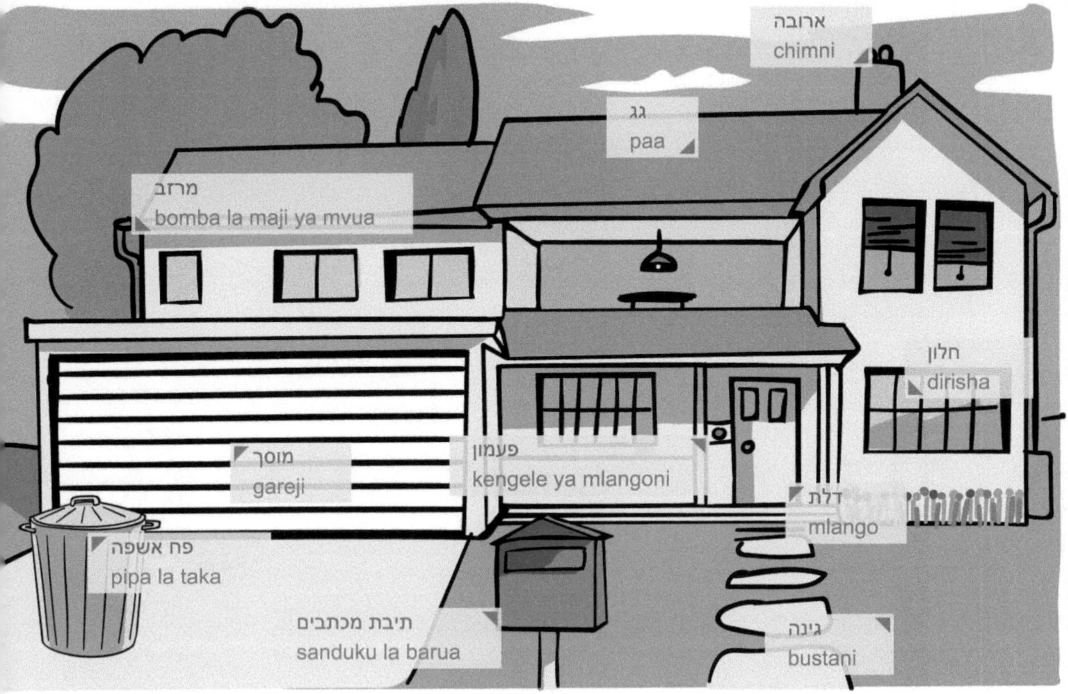

סלון

sebuleni

חדר אמבטיה

bafu

מטבח

jikoni

חדר שינה

chumba cha kulala

חדר ילדים

chumba ya mtoto

חדר אוכל

chumba cha kulia

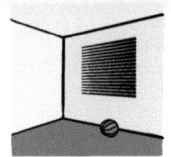

רצפה

sakafu

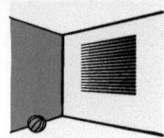

קיר

ukuta

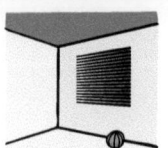

תקרה

dari

מרתף

pishi

סאונה

sauna

מרפסת

roshani

מרפסת

mtaro

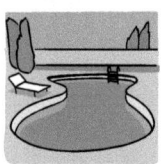

בריכה

kidimbwi

מכסחת דשא

mashine ya kukata nyasi

סדין

karatasi

כיסוי מיטה

kitambaa cha kupamba
kitanda

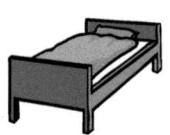

מיטה

kitanda

מטאטא

ufagio

דלי

ndoo

מפסק

kubadili

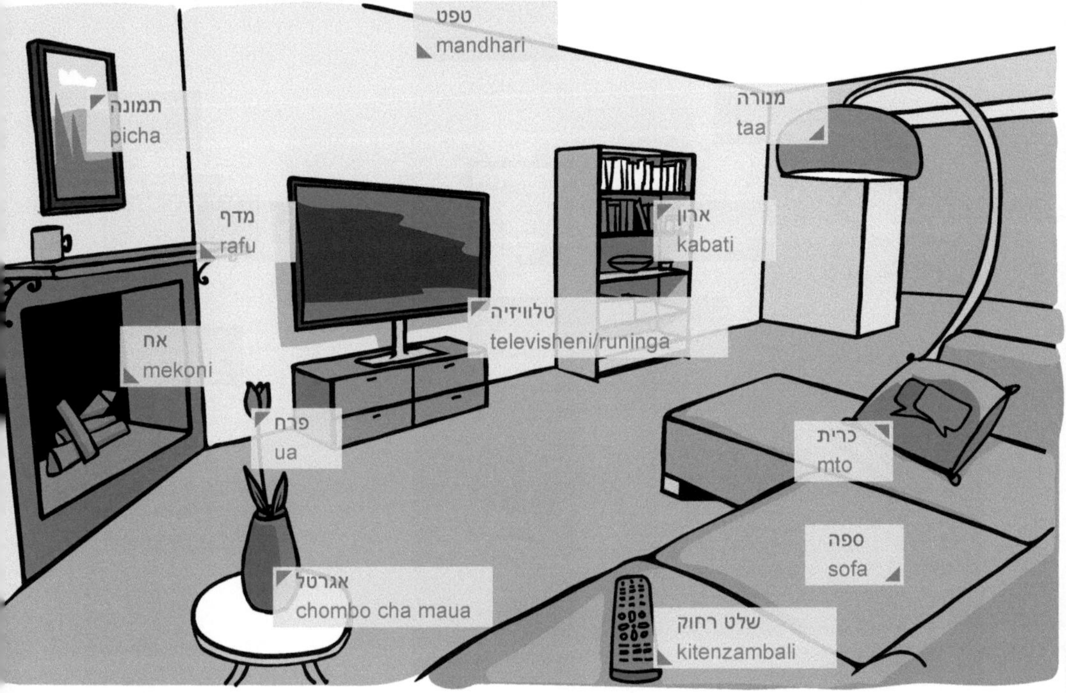

טפט
mandhari

תמונה
picha

מנורה
taa

מדף
rafu

ארון
kabati

אח
mekoni

טלוויזיה
televisheni/runinga

פרח
ua

כרית
mto

ספה
sofa

אגרטל
chombo cha maua

שלט רחוק
kitenzambali

שטיח
zulia

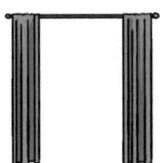

וילון
pazia

שולחן
meza

כסא
kiti

כיסא נדנדה
kiti cha bembea

כורסה
armchair

ספר

kitabu

שמיכה

blanketi

דקורציה

mapambo

עצי הסקה

kuni

סרט

filamu

מערכת סטריאו

kifaa cha hi-fi

מפתח

ufunguo

עיתון

gazeti

ציור

uchoraji

פוסטר

bango

רדיו

redio

מחברת

daftari

שואב אבק

kifyonza

קקטוס

dungusi kakati

נר

mshumaa

מטבח
jikoni

מקרר
jokofu
מיקרוגל
kikanza
wadogo jikoni
טוסטר
kibaniko
חומר ניקוי
sabuni
תנור
stovu
מקפיא
friza
פח אשפה
pipa la taka
מדיח כלים
mashine ya kuoshea vyombo

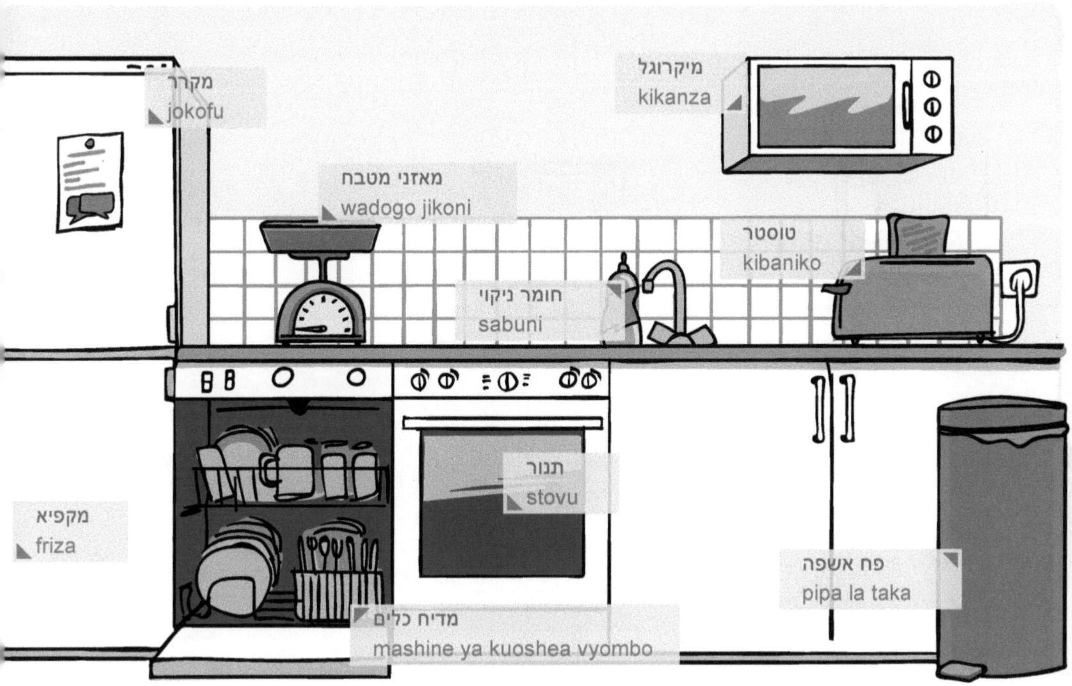

תנור
jiko la kupika

סיר
chungu

סיר ברזל
sufuria ya chuma

ווק
wok / kadai

מחבת
kaango

קומקום חשמלי
birika

מאדה

stima

מגש אפייה

sinia ya kuoka

כלי אוכל

vyombo vya udongo

ספל

kombe

קערה

bakuli

צ'ופסטיקס

vijiti vya kulia

מצקת

ukawa

מרית

mwiko mpana

מטרפה

burashi

מסננת בישול

kichujio

מסננת

chujio

מגרדת

mbuzi

מכתש

chokaa

גריל

barbeque

מדורה

moto wazi

קרש חיתוך

ubao wa majaribio

מערוך

kijiti cha kusukuma unga

פותחן פקקים

kizibuo

פחית

kopo

פותחן קופסאות

inaweza kopo

מטלית

kishikio cha chungu

כיור

karo

מברשת

brashi

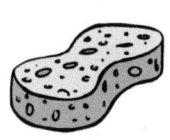

ספוג

sifongo

בלנדר

kisagaji matunda

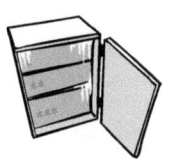

מקפיא

friji ya kina

בקבוק לתינוק

chupa ya mtoto

ברז

bomba

חדר אמבטיה
bafu

חימום
joto
מגבת
taulo
מקלחת
mfereji wa kuogea
וילון מקלחת
pazia la kuogea
אמבטיית קצף
maji ya kuoga yenye povu
אמבטיה
hodhi
כוס
glasi
מכונת כביסה
mashine ya kuosha
ברז
bomba
אריחים
vigae
סיר לילה
poti
כיור
karo

אסלה
choo

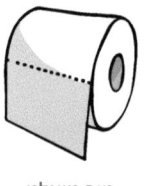

אסלת כריעה
choo cha squat

בידה
beseni la mviringo

משתנה
choo cha umma

נייר טואלט
shashi

מברשת אסלה
brashi ya choo

מברשת שיניים

mswaki

משחת שיניים

dawa ya meno

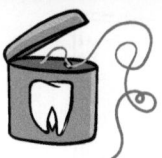

חוט דנטלי

dawa ya meno

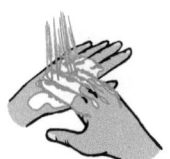

שטף

safisha

מקלחת יד

kuoga mkono

צינור שטיפה לשירותים

msukumo wa maji

קערת רחצה

bonde

מברשת גב

mpako wa pili

סבון

sabuni

ג'ל רחצה

jeli ya kuogea

שמפו

shampuu

ליפה

flana

ניקוז

toa maji

קרם

krimu

דיאודורנט

kiondoa harufu

מראה

kioo

מראת יד

kioo mkono

סכין גילוח

kinyozi

קצף גילוח

povu la kunyoa

אפטרשייב

baada ya kunyoa

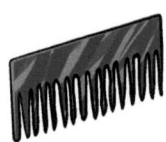

מסרק

kichana

מברשת

brashi

מייבש שיער

kikausha nywele

ספריי לשיער

marashi ya nyewele

איפור

vipodozi

שפתון

kidomwa

לק

varnish ya msumari

צמר גפן

pamba

מספריים לציפורניים

mkasi wa kucha

בושם

manukato

תיק כלי רחצה

mkoba wa kuosha

שרפרף

kinyesi

משקל

mizani

חלוק רחצה

nguo ya kuoga

כפפות גומי

glavu za mpira

טמפון

kisodo

תחבושת סניטרית

sodo

שירותים כימיקליים

kemikali choo

חדר ילדים
chumba ya mtoto

saa ya kengele
צעצוע חיבוק
kidoli cha kupakata
מכונית צעצוע
gari bandia
רעשן
kelele
בית בובות
chumba cha midoli
מתנה
sasa

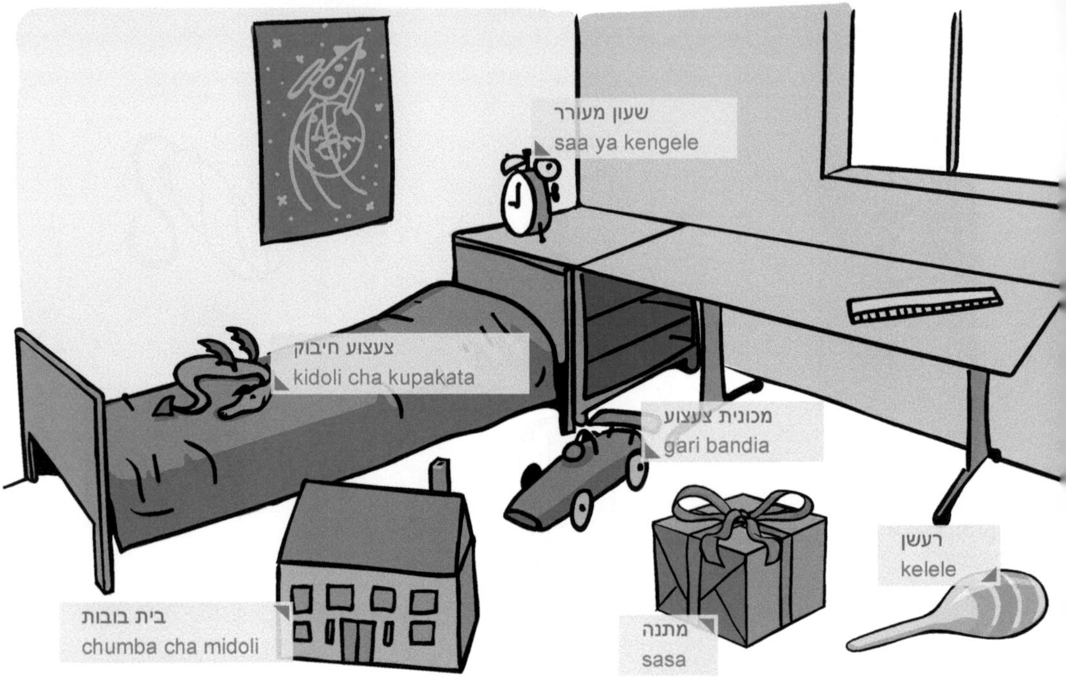

בלון

baluni

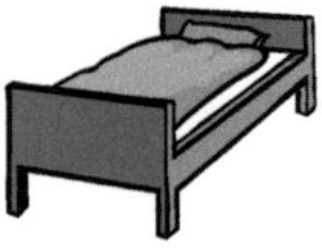

מיטה

kitanda

עגלה

mashua

משחק קלפים

staha ya kadi

פאזל

mchezo-fumb

קומיקס

vichekesho

לגו

matofali lego

קוביות משחק

vitalu mwigo

דמות משחק

hatua takwimu

סרבל תינוקות

suti ya kulalia

פריזבי

kisahani

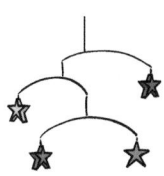

נייד

simu

משחק לוח

ubao wa michezo

קוביה

kete

רכבת צעצוע

garimoshi mwigo

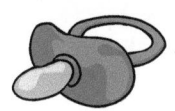

מוצץ

dummy

מסיבה

chama

אלבום תמונות

picha kitabu

כדור

mpira

בובה

kikaragosi

שיחק

kucheza

ארגז חול

shimo la mchanga

נדנדה

bembea

צעצועים

vitu bandia

קונסולת משחקים

kiweko cha video ya mchezo

אופניים תלת גלגלי

baiskeli ya magurudumu

matatu

דובון

mwanasesere

ארון בגדים

kabati

בגדים

nguo

גרביים

soksi

גרביונים

stokingi

גרביון

kibano

צעיף
skafu

חגורה
ukanda

מטריה
mwavuli

חולצת טי
fulana

מגפיים
viatu

נעלי בית
ndara

נעלי ספורט
wakufunzi

סנדלים
....
malapa

נעליים
....
viatu

מגפי גומי
....
mabuti ya mpira

תחתונים
....
suruali ya ndani

חזייה
....
sidiria

וסט
....
fulana

גוף
mwili

מכנסיים
suruali

ג'ינס
dangirizi

חצאית
sketi

חולצה מכופתרת
blauzi

חולצה
shati

אפודה
vuta

סווצ'ר עם קפוצ'ון
sweta

בלייזר
bleza

ז'קט
jaketi

מעיל
koti

מעיל גשם
koti la mvua

תלבושת
maleba

שמלה
gauni

שמלת כלה
mavazi ya harusi

חליפה
suti

כותונת לילה
vazi la usiku

פיג'מה
pajama

סארי
sari

מטפחת ראש
skafu

טורבן
kilemba

בורקה
burka

קאפטן
kaftan

עבאיה
abaya

בגד ים
vazi la kuogelea

בגד ים
vazi la kiume la kuogelea

מכנסיים קצרים
kaptura

בגד אימון
teitei

סינר
aproni

כפפות
glavu

כפתור

kifungo

משקפיים

glasi

צמיד יד

bangili

שרשרת

mkufu

טבעת

pete

עגיל

herini

כובע

kofia

קולב

kiango cha koti

כובע

kofia

עניבה

tai

רוכסן

zipu

קסדה

kofia

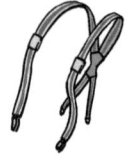

כתפיות

kanda za suruali

תלבושת בית ספר

sare za shule

מדים

sare

מפית אוכל

bibu

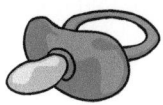

מוצץ

dummy

חיתול

nepi

משרד

ofisi

שרת
seva
תיקייה
kabati la kuweka faili
מדפסת
kichapishaji
נייר
karatasi
מסך
kiwambo
עכבר
kipanya
שולחן עבודה
dawati
תיק
folda
מקלדת
kibodi
u cha kuweka karatasi chafu
כסא
kiti
מחשב
kompyuta

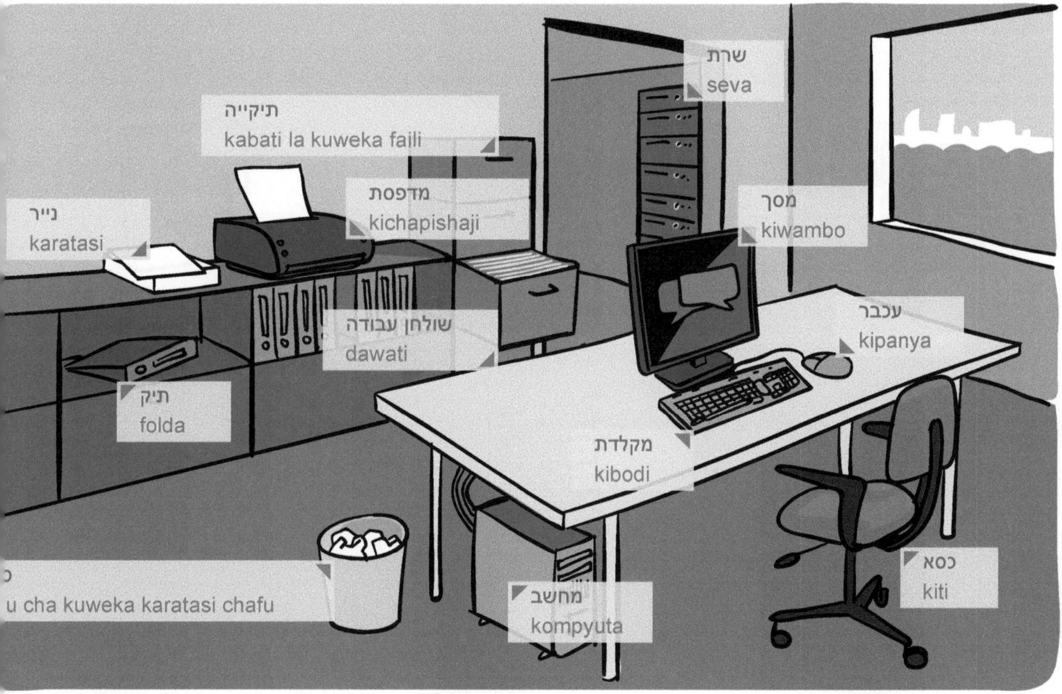

ספל קפה

kmobe la kahawa

מחשבון

kikokotoo

אינטרנט

biashara

מחשב נייד

mbali

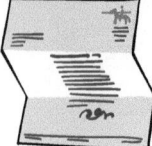

מכתב

barua

הודעה

ujumbe

נייד

rununu

רשת

intaneti

מכונת צילום

fotokopia

תוכנה

programu

טלפון

simu

שקע

soketi

פקס

kipepesi

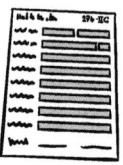

טופס

fomu

מסמך

hati

סחר

biashara

שילם

kulipa

קנה

kununua

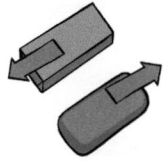

יורו

yuro

דולר

dola

כסף

fedha

פרנק שווייצרי

faranga ya Uswisi

רובל

rouble

ין

yeni

כספומט

eneo la kulipia

רופי

rupia

יואן רנמינבי

renminbi yuan

המרת מטבע

ofisi ya ubadilishanaji

זהב

dhahabu

כסף

fedha

נפט

mafuta

אנרגיה

nishati

מחיר

bei

חוזה

mkataba

מס

kodi

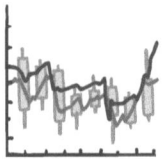

מנייה

bidhaa

עבד

kazi

עובד

mfanyakazi

מעסיק

mwajiri

מפעל

kiwanda

חנות

duka

מקצועות
kazi

שוטר
afisa wa polisi
כבאי
mzimamoto
טבח
mpishi
רופא
daktari
טייס
rubani

גנן
....
mtunza bustani

נגר
....
seremala

תופרת
....
mshonaji

שופט
....
hakimu

כימאי
....
mwanakemia

שחקן
....
muigizaji

נהג אוטובוס

dereva wa basi

נהג מונית

dereva wa teksi

דייג

mvuvi

עובדת נקיון

mwanamke wa kusafisha

מתקן גגות

mwezekaji

מלצר

mhudumu

צייד

mwindaji

צייר

mchoraji

אופה

mwokaji

חשמלאי

umeme

עובד בניין

mjenzi

מהנדס

mhandisi

קצב

mchinjaji

אינסטלטור

fundi bomba

דוור

mwanaposta

חייל

mwanajeshi

אדריכל

msanifu majengo

קופאי

keshia

מוכר פרחים

muuza maua

ספר

msusi

כרטיסן

kondakta

מכונאי

mekanika

קברניט

nahodha

רופא שיניים

daktari wa meno

מדען

mwanasayansi

רב

rabbi

אימאם

imamu

נזיר

mtawa

כומר

kasisi

כלי עבודה
zana

פטיש
nyundo
צבת
koleo
מברג
bisibisi
מפתח ברגים
spana
פנס
kurunzi

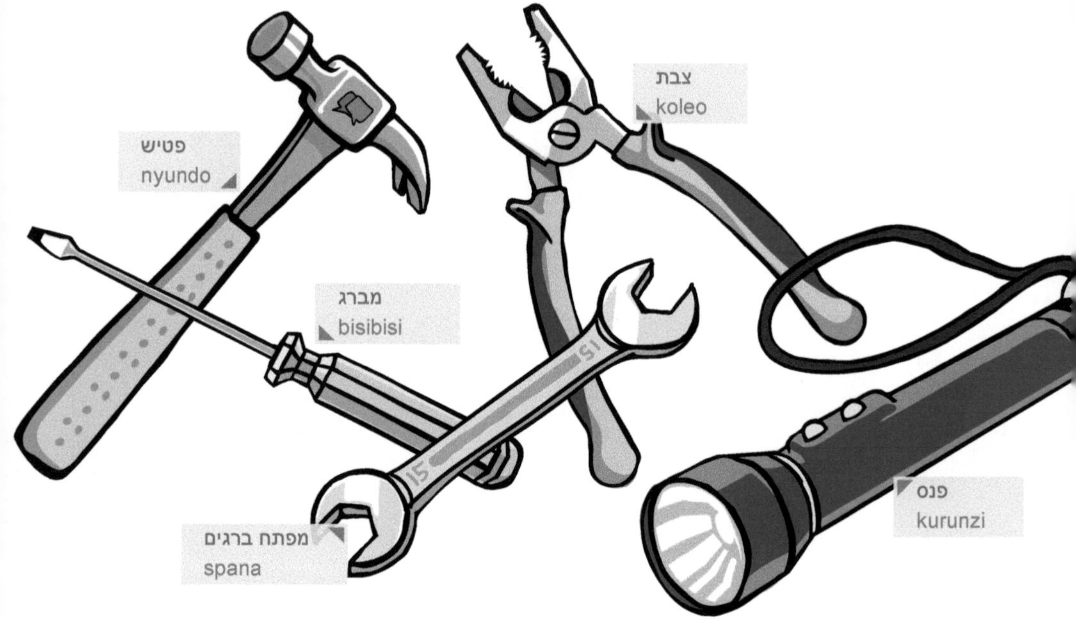

דחפור
mchimbaji

ארגז כלים
sanduku la vifaa

סולם
ngazi

מסור
msumeno

מסמרים
misumari

מקדחה
kuchimba visima

תיקן

kukarabati

את חפירה

sepetu

לעזאזל!

Lo!

יעה

kishikio cha uchafu

פח צבע

chungu cha rangi

ברגים

skurubu

כלי נגינה
ala za muziki

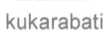

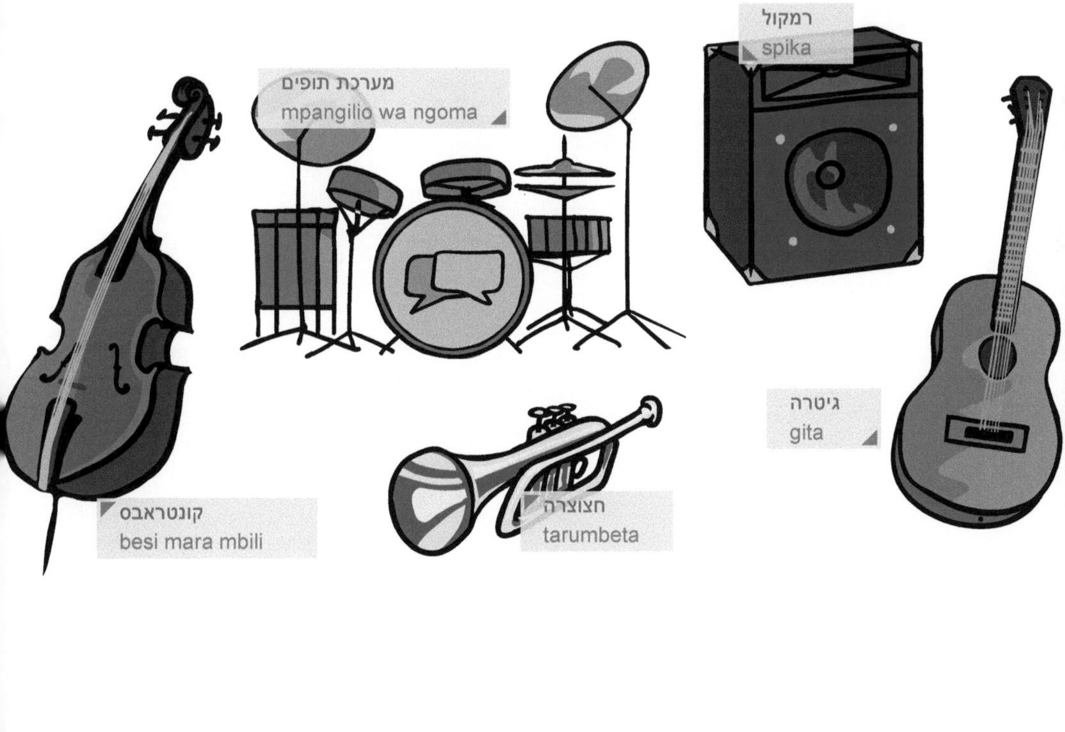

רמקול
spika
מערכת תופים
mpangilio wa ngoma
גיטרה
gita
קונטראבס
besi mara mbili
חצוצרה
tarumbeta

פסנתר

piano

כינור

fidla

בס

ubeji

תוף הדוד

timpani

תופים

ngoma

מקלדת פסנתר

kibodi

סקסופון

saksafoni

חליל

filimbi

מיקרופון

maikrofoni

גן חיות

bustani ya wanyama

כניסה
lango la kuingia
נמר
simbamarara
כלוב
ngome
זברה
pundamilia
מזון לחיות
chakula cha mifugo
פנדה
panda

בעלי חיים

wanyama

פיל

tembo

קנגרו

kangaruu

קרנף

kifaru

גורילה

sokwe

דוב

dubu

גמל

ngamia

יען

mbuni

אריה

simba

קוף

tumbili

פלמינגו

heroe

תוכי

kasuku

דוב הקרח

dubu

פינגווין

penguini

כריש

papa

טווס

tausi

נחש

nyoka

תנין

mamba

שומר גן החיות

mtunza wanyama

כלב ים

muhuri

יגואר

jaguar

סוס פוני

mwanafarasi

לאופרד

chui

היפופוטאם

kiboko

ג'ירפה

twiga

נשר

tai

חזיר בר

nguruwe mwitu

דג

samaki

צב

kobe

סוס ים

sili

שועל

mbweha

איילה

paa

ספורט

michezo

פוטבול אמריקאי
soka ya marekani
רכיבת אופניים
uendeshaji baiskeli
טניס
tenisi
כדורסל
mpira wa kikapu
שחיה
kuogelea
אגרוף
ndondi
הוקי
magongo ya barafuni

כדורגל

soka

בדמינטון

vinyoya

אתלטיקה

riadha

כדור-יד

mpira wa mikono

עשה סקי

skii

פולו

polo

קפץ
kuruka

צחק
cheka

חיבק
kumbatia

הלך
kutembea

שר
kuimba

חלם
ota ndoto

התפלל
kuomba

נשק
busu

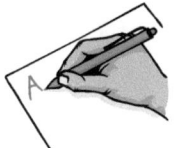

כתב
kuandika

צייר
kuteka

הראה
angalia

דחף
sukuma

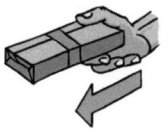

נתן
kutoa

לקח
kuchukua

יש / להיות הבעלים

kuwa

עשה

fanya

היה

kuwa

עמד

kusimama

רץ

kukimbia

משך

vuta

זרק

kutupa

נפל

kuanguka

שכב

hadaa

חיכה

kusubiri

סחב

kubeba

ישב

kukaa

התלבש

vaa nguo

ישן

usingizi

התעורר

kuamka

הסתכל ב-

kuangalia

בכה

lia

ליטף

kiharusi

סירק

chana nywele

דיבר

ongea

הבין

kuelewa

שאל

kuuliza

שמע

kusikiliza

שתה

kunywa

אכל

kula

סידר

nadhifisha

אהב

upendo

בישל

mpishi

נהג

gari

עף

kuruka

שט
meli

חישב
kokotoa

קרא
kusoma

למד
kujifunza

עבד
kazi

התחתן
kuoa

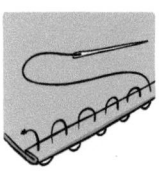

תפר
kushona

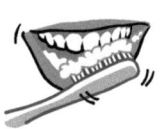

ציחצח שיניים
piga mswaki

הרג
kuua

עישן
moshi

שלח
kutuma

משפחה
familia

סבתא
bibi
סבא
babu
אבא
baba
אימא
mama
תינוק
mtoto
בת
binti
בן
bin

אורח

mgeni

דודה

shangazi

דוד

mjomba

אח

kaka

אחות

dada

גוף

mwili

מצח
paji la uso
עין
jicho
פנים
uso
סנטר
kidevu
חזה
matiti
אצבע
kidole
כף יד
mkono
זרוע
mkono
כתף
bega
רגל
mguu

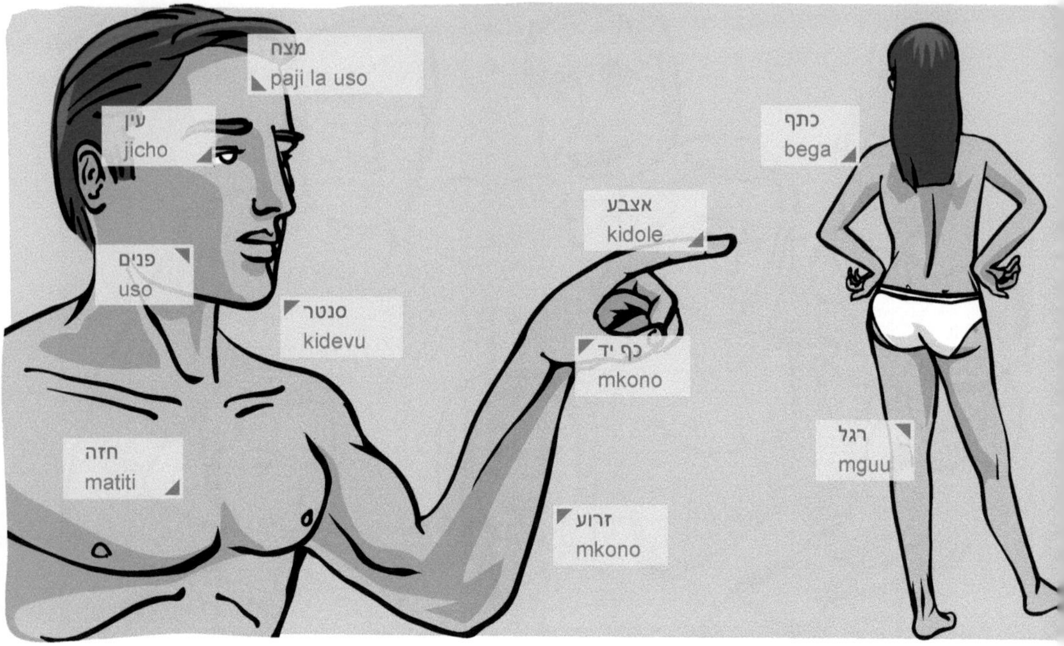

תינוק

mtoto

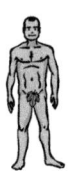

איש

mwanamume

אישה

mwanamke

ילדה

msichana

ילד

mvulana

ראש

kichwa

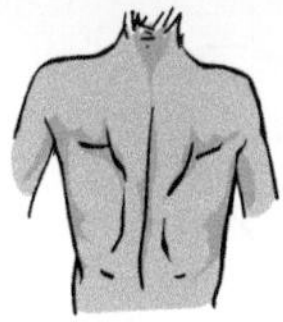

גב

nyuma

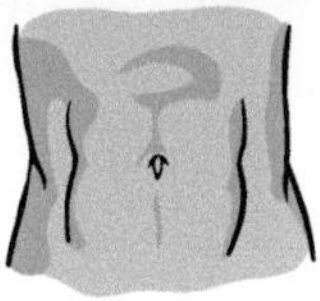

בטן

tumbo

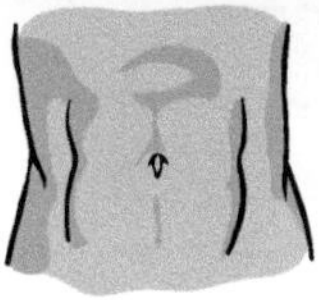

טבור

kitovu

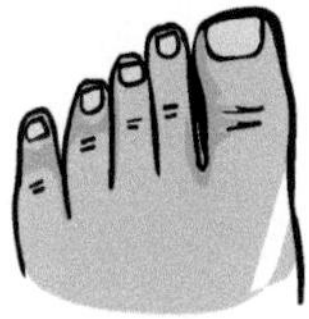

אצבע

chano

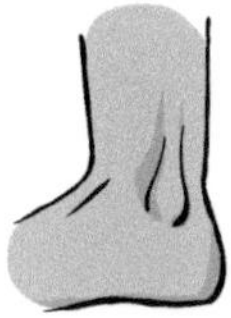

עקב

kisigino

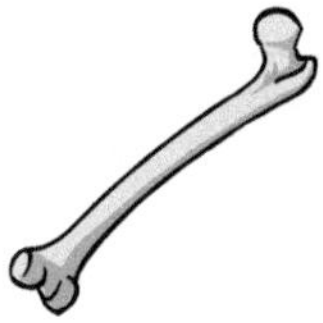

עצם

mfupa

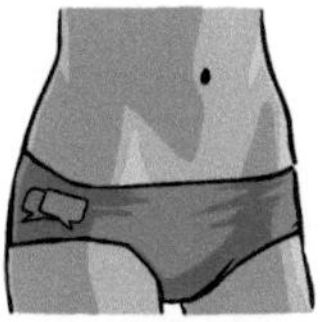

ירך

nyonga

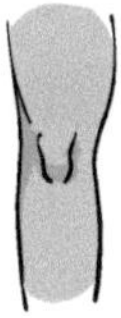

ברך

goti

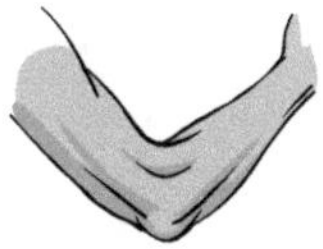

מרפק

kiwiko

אף

pua

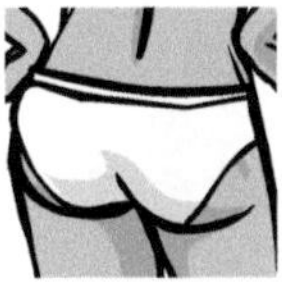

עכוז

chini

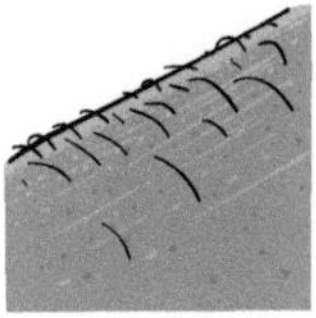

עור

ngozi

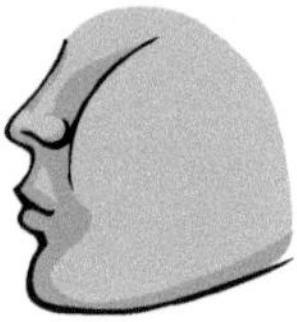

לחי

shavu

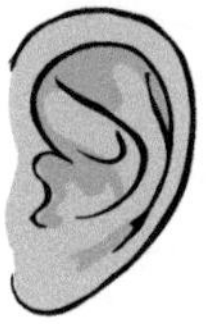

אוזן

sikio

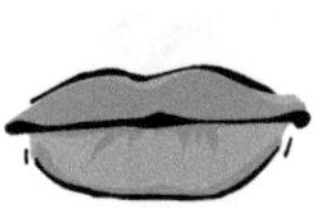

שפתיים

mdomo

פה

kinywa

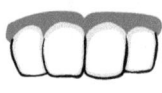

שן

jino

לשון

ulimi

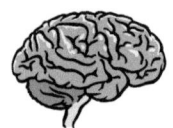

מוח

ubongo

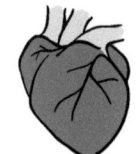

לב

moyo

שריר

misuli

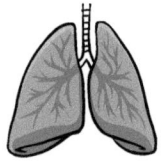

ריאה

pafu

כבד

ini

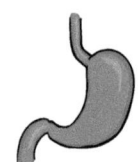

קיבה

tumbo

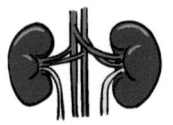

כליות

figo

מין

jinsia

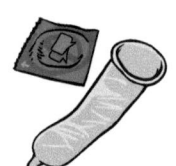

קונדום

kondomu

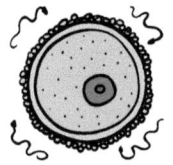

ביצית

ovari

זרע

shahawa

הריון

mimba

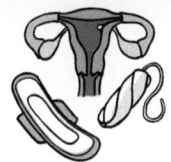

וסת
hedhi

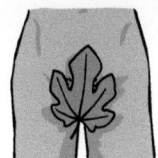

נרתיק
uke

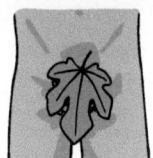

פין
uume

גבה
unyusi

שיער
nywele

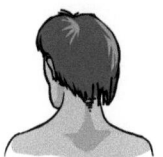

צוואר
shingo

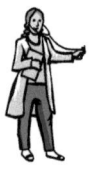

בית חולים
hospitali

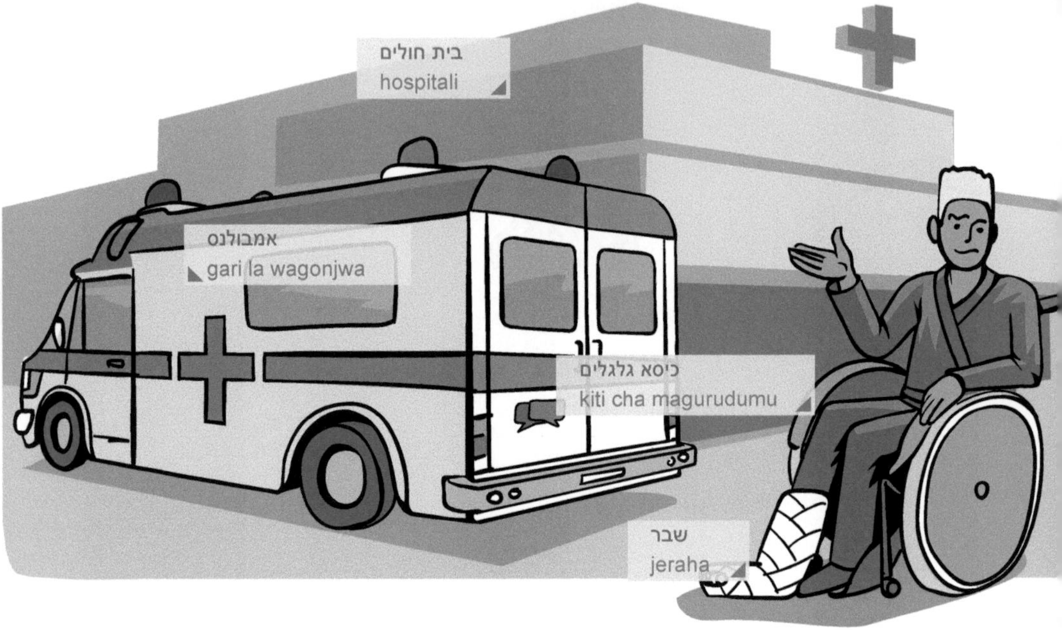

בית חולים
hospitali
אמבולנס
gari la wagonjwa
כיסא גלגלים
kiti cha magurudumu
שבר
jeraha

רופא

daktari

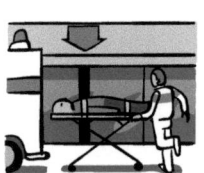

חדר מיון

chumba cha dharura

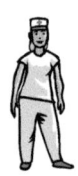

אחות

muuguzi

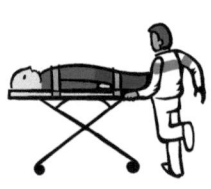

חירום

dharura

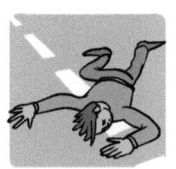

חסר הכרה

kupoteza fahamu

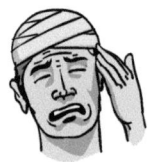

כאב

maumivu

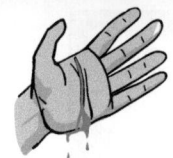

פציעה

kuumia

דימום

kutokwa na damu

התקף לב

mshtuko wa moyo

שבץ

kiharusi

אלרגיה

mzio

שיעול

kikohozi

חום

homa

שפעת

mafua

שלשול

kuharisha

כאב ראש

maumivu ya kichwa

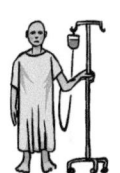

סרטן

kansa

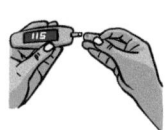

סוכרת

ugonjwa wa kisukari

מנתח

daktari mpasuaji

אזמל

kisu kidogo cha kupasulia

ניתוח

operesheni

סי-טי

picha changanufu ya mwili

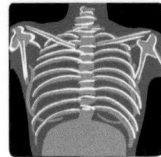

רנטגן

Eksrei

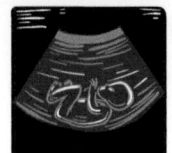

אולטרסאונד

mawimbi sauti

מסיכת פנים

barakoa ya uso

מחלה

ugonjwa

חדר המתנה

chumba cha kusubiri

קבה

mkongojo

פלסטר

plasta

תחבושת

bendeji

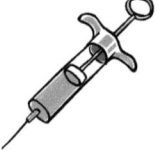

זריקה

sindano

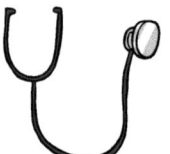

סטטוסקופ

stetoskopu

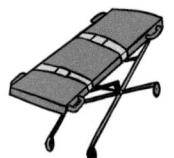

אלונקה

machela

מד חום

kipimajoto cha kliniki

לידה

kuzaliwa

עודף משקל

unene kupita kiasi

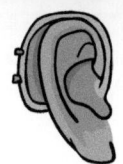

מכשיר שמיעה

kusikia misaada

מחטא

kipukusi

זיהום

maambukizi

נגיף

virusi

איידס

VVU / UKIMWI

תרופה

dawa

חיסון

chanjo

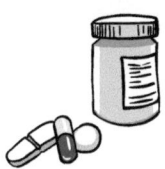

טבליות

vidonge

גלולה

kidonge

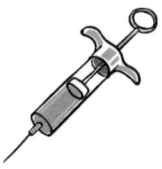

קריאת חירום

simu ya dharura

מד לחץ דם

haemodainamometa

חולה / בריא

mgonjwa / mwenye afya

חירום

dharura

הצילו!
....
Msaada!

אזעקה
....
kengele

פשיטה
....
pigo

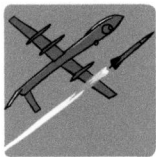

תקיפה
....
shambulizi

סכנה
....
hatari

יציאת חירום
....
lango la dharura

אש!
....
Moto!

מטף כיבוי
....
kizima moto

תאונה
....
ajali

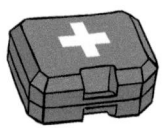

ערכת עזרה ראשונה
....
vifaa vya huduma ya kwanza

הצילו!
....
wito wa msaada

משטרה
....
polisi

כדור הארץ
dunia

אירופה
....
Ulaya

צפון אמריקה
....
Amerika ya Kaskazini

דרום אמריקה
....
Amerika ya Kusini

אפריקה
....
Afrika

אסיה
....
Asia

אוסטרליה
....
Australia

האוקיינוס האטלנטי
....
Atlantiki

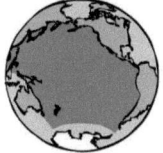

האוקיינוס השקט
....
Pasifiki

האוקיינוס ההודי
....
Bahari ya Hindi

האוקיינוס האנטרקטי
....
Bahari ya Antaktiki

האוקיינוס הארקטי
....
Bahari ya Aktiki

הקוטב הצפוני
....
Ncha ya Kaskazini

כדור הארץ

dunia

אנטארקטיקה

Antaktika

הקוטב הדרומי

Ncha ya Kusini

אי

kisiwa

ים

bahari

אדמה

nchi

מדינה

jimbo

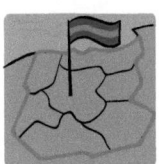

לאום

taifa

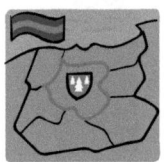

שעון
saa

פני השעון

uso wa saa

מחוג השעות

akrabu ya saa

מחוג הדקות

akrabu ya dakika

מחוג השניות

akrabu ya sekunde

מה השעה?

Ni saa ngapi?

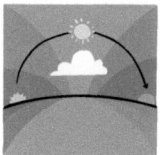

יום

siku

זמן

wakati

עכשיו

sasa

שעון דיגיטלי

saa ya dijitali

דקה

dakika

שעה

saa

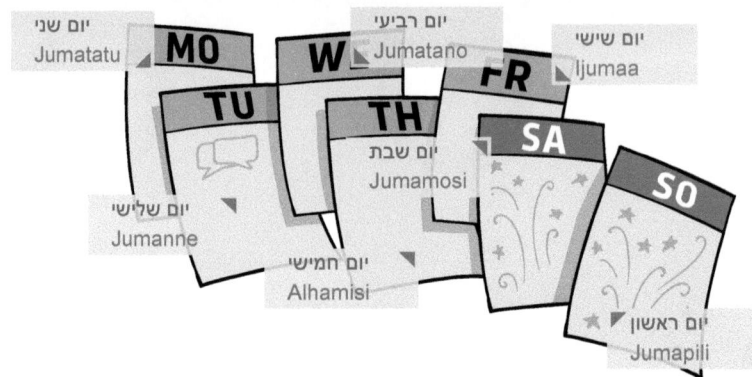

שבוע

wiki

MO
TU
W
TH
FR
SA
SO
יום שני
Jumatatu
יום שלישי
Jumanne
יום רביעי
Jumatano
יום חמישי
Alhamisi
יום שישי
Ijumaa
יום שבת
Jumamosi
יום ראשון
Jumapili

אתמול

jana

היום

leo

מחר

kesho

בוקר

asubuhi

צהריים

saa sita mchana

ערב

jioni

ימי עבודה

siku za biashara

סוף שבוע

mwishoni mwa wiki

שנה

mwaka

קשת בענן
upinde wa mvua
גשם
mvua
שלג
theluji
רוח
upepo
אביב
majira ya machipuko
סתיו
vuli
קיץ
kiangazi
חורף
majira ya baridi

4.APRIL 11°
5.APRIL 4°
6.APRIL 13°
7.APRIL 8°
8.APRIL 10°

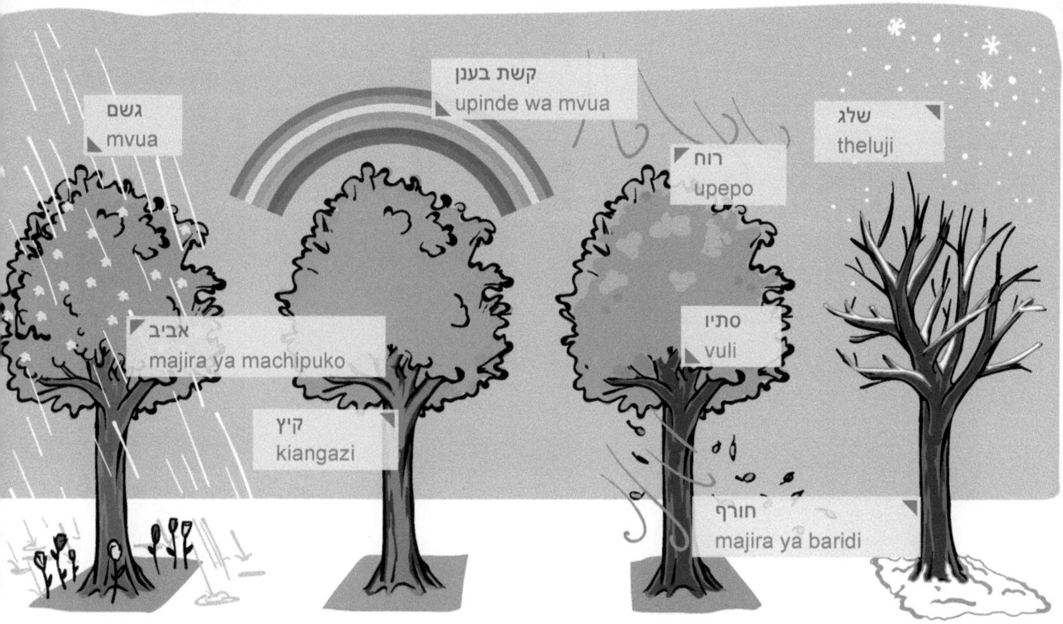

תחזית מזג האוויר

utabiri wa hali ya hewa

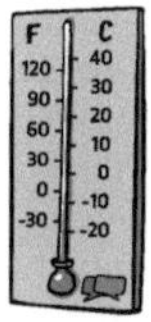

מד חום

kipimajoto

אור שמש

mwanga wa jua

ענן

wingu

ערפל

ukungu

לחות

unyevu

ברק

umeme

רעם

radi

סערה

dhoruba

ברד

mvua ya mawe

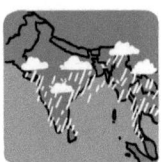

רוח עונתי

monsuni

שיטפון

mafuriko

קרח

barafu

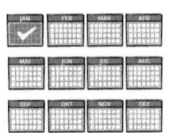

ינואר

Januari

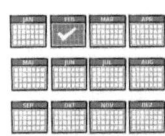

פברואר

Februari

מרץ

Machi

אפריל

Aprili

מאי

Mei

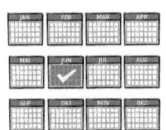

יוני

Juni

יולי

Julai

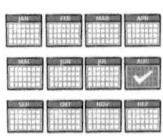

אוגוסט

Agosti

ספטמבר

Septemba

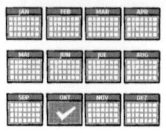

אוקטובר

Oktoba

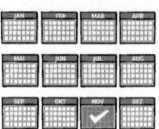

נובמבר

Novemba

דצמבר

Desemba

צורות

maumbo

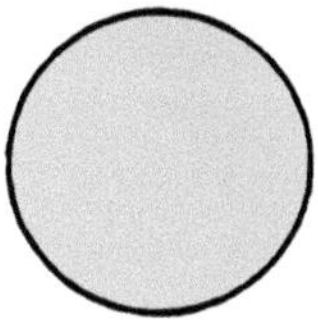

עיגול

mduara

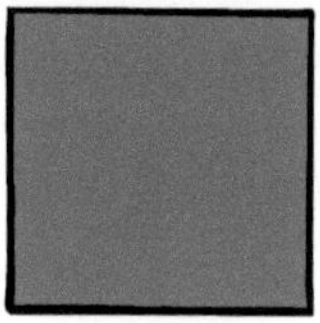

מרובע

mraba

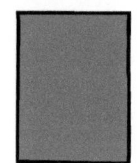

מלבן

mstatili

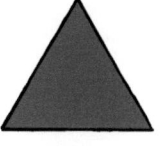

משולש

pembetatu

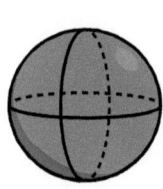

כדור

nyanja

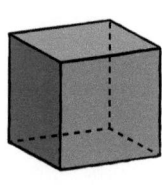

קובייה

mchemraba

צבעים
rangi

לבן

nyeupe

צהוב

manjano

כתום

chungwa

ורוד

rangi ya waridi

אדום

nyekundu

סגול

hudhurungi

כחול

bluu

ירוק

kijani

חום

hanja

אפור

jivujivu

שחור

nyeusi

הפכים
kinyume

יפה / מכוער

nzuri / mbaya

כועס / רגוע

hasira / pole

הרבה / מעט

mengi / kidogo

בהיר / כהה

angavu / giza

גדול / קטן

kubwa / ndogo

התחלה / סוף

mwanzo / mwisho

שלם / חלקי

kamilika / tokamilika

נקי / מלוכלך

safi / chafu

אח / אחות

kaka / dada

רחב / צר

pana / nyembamba

מת / חי

wafu / hai

יום /לילה

siku / usiku

אכיל / לא אכיל

kulika / kutolika

רשע / טוב לב

ovu / ema

מתרגש / משועמם

sisimkwa / udhika

שמן / רזה

nene / nyembamba

ראשון / אחרון

kwanza / mwisho

חבר / אויב

rafiki / adui

מלא / ריק

jaa / tupu

קשה / רך

ngumu / laini

כבד / קל

nzito / nyepesi

רעב / צמא

njaa / kiu

חולה / בריא

mgonjwa / mwenye afya

בלתי-חוקי / חוקי

haramu / kisheria

נבון / טיפש

akili / kijinga

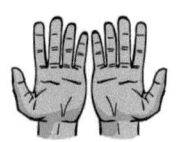

שמאל / ימין

kushoto / kulia

קרוב / רחוק

karibu / mbali

חדש / משומש

mpya / kutumika

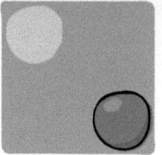

כלום / משהו

kitu / jambo

זקן / צעיר

zee / changa

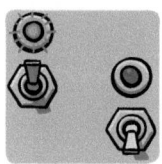

פעיל / כבוי

waka / zima

פתוח / סגור

wazi / fungwa

שקט / רועש

utulivu / kelele

עשיר / עני

tajiri / masikini

נכון / שגוי

sahihi / kosa

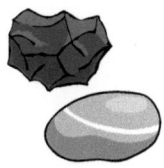

מחוספס / חלק

mbaya / laini

עצוב / שמח

huzunika / furahia

קצר / ארוך

fupi /ndefu

איטי / מהיר

polepole / haraka

רטוב / יבש

nyevu / kavu

חם / קר

joto / baridi

מלחמה / שלום

vita / amani

מספרים
nambari

0	1	2
אפס	אחת	שתיים
sufuri	moja	mbili
3	4	5
שלוש	ארבע	חמש
tatu	nne	tano
6	7	8
שש	שבע	שמונה
sita	saba	nane
9	10	11
תשע	עשר	אחת-עשרה
tisa	kumi	kumi na moja

12

שתים-עשרה

kumi na mbili

13

שלוש-עשרה

kumi na tatu

14

ארבע-עשרה

kumi na nne

15

חמש-עשרה

kumi na tano

16

שש-עשרה

kumi na sita

17

שבע-עשרה

kumi na saba

18

שמונה-עשרה

kumi na nane

19

תשע-עשרה

kumi na tisa

20

עשרים

ishirini

100

מאה

mia

1.000

אלף

elfu

1.000.000

מיליון

milioni

שפות
lugha

סינית מנדרינית

Kimandarini cha Uchina

אנגלית אמריקאית

Kiingereza cha Marekani

אנגלית

Kiingereza

צרפתית

Kifaransa

ספרדית

Kihispania

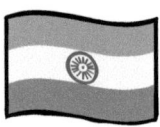

הודית

Kihindi

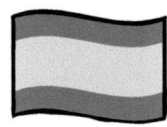

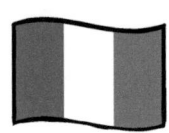

פורטוגזית

Kireno

רוסית

Kirusi

ערבית

Kiarabu

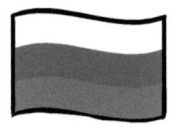

יפנית

Kijapani

גרמנית

Kijerumani

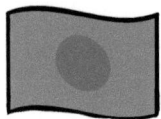

בנגלית

Kibengali

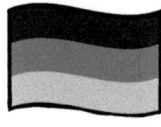

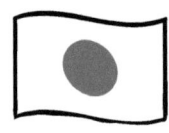

מי / מה / איך
ambao / nini / jinsi

אני

mimi

אתה / את

wewe

הוא / היא / זה

yeye / yeye / ni

אנחנו

sisi

אתם

wewe

הם

wao

מי?

nani?

מה?

nini?

איך?

jinsi gani?

איפה?

wapi?

מתי?

lini?

שם

jina

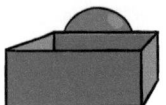

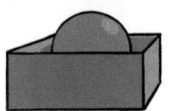

איפה

wapi

לפני

....

mbele ya

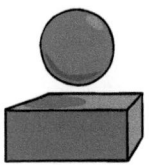

בתוך

....

katika

מאחור

....

nyuma

מתחת

....

chini ya

על

....

kwenye

מעל

....

juu ya

מקום

....

mahali

בין

....

kati

ליד

....

kando